LETTRE

DE

SAINT VINCENT DE PAUL

SUR SA CAPTIVITÉ A TUNIS,

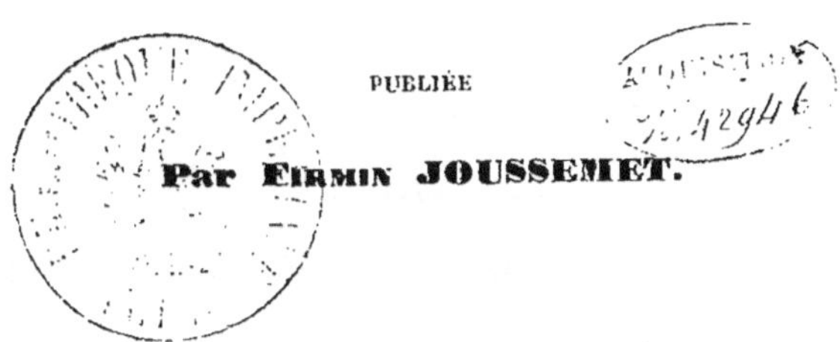

PUBLIÉE

Par Firmin JOUSSEMET.

NANTES,
A^{ud} GUÉRAUD ET Cie, IMPRIMERIE-LIBRAIRIE
DU PASSAGE BOUCHAUD.

1856.

Extrait de la Revue des provinces de l'Ouest. — 4e Année. 1856-1857.

LETTRE

DE SAINT VINCENT DE PAUL

SUR SA CAPTIVITÉ A TUNIS.

Il est peu de noms aussi populaires que celui de saint Vincent de Paul. Son portrait se voit partout, et ses traits vénérables, empreints d'une bienveillance si douce, sont gravés dans tous les cœurs. Les siècles n'ont point attiédi le sentiment universel de gratitude et de respect qu'éveille sa mémoire; il n'a fait, au contraire, que grandir depuis le jour de sa mort. Le secret de cette popularité fut son amour sans bornes et son dévouement pour ses semblables. Fils d'un pauvre paysan (1), élevé par le seul éclat de ses vertus jusqu'aux conseils des rois, sans que sa modestie en souffrît la moindre atteinte, la règle de sa vie entière se résume en ce seul mot : *charité;* et cette charité miséricordieuse lui servit de guide dans le milieu de luttes politiques et religieuses où il se trouva jeté. S'il ne fut pas sans broncher sur la route épineuse qu'il eut à suivre, s'il lui arriva de subir l'influence des idées du temps, ce fut avec une bonne foi entière, qui l'absoudra toujours aux yeux de l'avenir. Quant à la solution du grand problème de l'assistance publique qu'il tenta, tout en étant un progrès réel, elle ne s'éleva guère, si ce n'est pour les enfants trouvés, au-dessus de ce qui se pratiquait avant lui. Mais cet essai n'en est pas moins digne de la plus profonde estime, et la postérité, autrement juste que certains critiques, lui tiendra surtout compte de sa bonne volonté et des difficultés qu'il eut à surmonter.

---

(1) Il naquit à Pouy, dans le diocèse de Dax, le 24 avril 1576, et fut d'abord berger. Sa mort arriva le 27 septembre 1660. Béatifié par Benoît XIII, le 13 août 1729, Clément XII le canonisa le 16 juin 1737.

Tout ce qui rappelle saint Vincent de Paul a donc une valeur exceptionnelle et mérite d'être recueilli avec soin. C'est ce qui m'engage à publier une de ses plus précieuses lettres, adressée à M. de Commet, avocat à Dax, pour lui annoncer sa délivrance de l'esclavage de Tunis. Cette lettre, bien connue de tous les biographes, par les extraits qu'en a donnés Abelly, existe en original entre les mains de ma tante, Mme Joseph Fillon, de Fontenay-Vendée. Elle est reliée dans un curieux album où se trouve également un autre billet écrit à un membre de la même famille, en lui envoyant une miniature qui se voit au feuillet précédent du volume. Voici ce beau document, qui ne comprend pas moins de trois pages in-4° d'une écriture très-fine.

« Monsieur,

« L'on auroyt jugé, il y a deux ans, à voir l'aparence des favorables progrez de mes affaires, que la fortune ne s'estudioyt, contre mon mérite, qu'à me rendre plus envié qu'inimité; mais, hélas! ce n'estoyt que pour présenter en moy sa vicissitude et inconstance, convertissant sa grace en disgrace et son heur en malheur.

« Vous avez peu sçavoir, Monsieur, comme trop adverty de mes affaires, comme je trouvis, à mon retour de Bourdeaux, un testament faict à ma faveur par une bonne fame vieille de Tholose; le bien de laquelle concistoyt en quelques meubles et quelques terres, que la chambre my-partie de Castres luy avoyt adjugé pour trois à quatre cens escus qu'un méchand mauvais garnement luy devoyt. Pour retirer partie duquel, je m'acheminis sur le lieu, pour vendre le bien, comme conceillé de mes meilleurs amis et de la nécessité que j'avais d'argent pour satisfaire aux debtes que j'avais faict, et grande dépense que j'apercevois qu'il me convenoyt faire à la poursuite de l'affaire que ma témérité ne me permet de nommer. Estant sur le lieu, je trouvis que le galand avoyt quité son pays, pour une prinse de corps que la bonne fame avoyt contre luy pour les mesme debtes, et feus adverty comme il faisoyt bien ses affaires à Marceille, et qu'il y avoyt de beaux moyens. Surquoy mon procureur conclud, comme aussy à la vérité la nature des affaires le requeroyt, qu'il me faloyt acheminer à Marceille, estimant que, l'ayant prisonnier, j'en pourrois avoir deux ou trois cens escus. N'ayant point d'argent pour expédier cela, je vendis le cheval que j'avois prins de louage à Tholose, estimant le payer au retour, que l'infortune fist estre aussi retardé que mon deshonneur est grand pour avoir laissé mes affaires si embrouillez; ce que je n'aurois faict si Dieu m'eust donné aussi

heureux succez en mon entreprinse que l'apparence me le promec-
toyt. Je partis donc sur cest advis, atrapis mon homme à Marceille,
le fis emprisonner et m'acordis à trois cens escuz qu'il me bailla
content.

« Estant sur le poinct de partir par terre, je fus persuadé par
un gentilhomme avec qui j'estois logé de m'embarquer avec luy
jusques à Narbonne, veu la faveur du temps qui estoit ; ce que je fis
pour plustôt y estre et pour espargner, ou, pour mieux dire, pour
n'y jamais estre et tout perdre. Le vent nous feust aussi favorable
qu'il faloyt pour nous rendre ce jour à Narbonne, qui estoyt faire
cinquante lieues, si Dieu n'eust permis que trois brigantins turcqs,
qui costoyoient le goulfe de Léon pour atraper les barques qui
venoyent de Beaucaire, où il y avoyt foire que l'on estime estre des
plus belles de la chrestienté, ne nous eussent donnez la charge et
ataquez si vivement que, deux ou trois des nostres estant tuez et le
reste blessés, et mesmes moy, qui eus un coup de flèche qui me
servira d'horloge tout le reste de ma vie, n'eussions été contrainctz
de nous rendre à ces félons et pires que tigres. Les premiers effects
de la rage desquelz furent de hacher nostre pilote en cent mile pièces,
pour avoir perdeu un des principalz des leurs, outre quatre ou cinq
forsatz que les nostres leur tuèrent. Ce faict, nous enchaînèrent,
après nous avoir grossièrement pensez, poursuivirent leur poincte,
faisant mille voleries, donnant néanmoingt liberté à ceux qui se ren-
doyent sans combattre, après les avoir volez, et, enfin, chargez de
marchandise, au bout de sept ou huict jours, prindrent la route de
Barbarie, tanière et spélongue de voleurs sans adveu du Grand
Turcq, où estant arrivez, ils nous exposèrent en vente, avec procès-
verbal de notre capture, qu'ilz disoyent avoir esté faicte dans un
navire espagnol, parceque, sans ce mensonge, nous aurions esté
délivrez par le consul que le Roy tient de là pour rendre libre le
commerce aux François. Leur procédeure à nostre vente feust
qu'après qu'ils nous eurent despouillez tout nudz, ils nous baillèrent
à chascun une paire de brayes, un hocqueton de lin, avec une boucle,
nous promenèrent par la ville de Thunis, où ils estoyent veneuz
pour nous vendre. Nous ayant faict faire cincq ou six tours par la
ville la chaine au col, il nous ramenèrent au bateau, affin que les
marchands vinssent voir qui pouvoyt manger et qui non, pour mons-
trer que nos playes n'estoyent point mortelles. Ce fait, nous rame-

nèrent à la place où les marchands nous vindrent visiter tout de mesme que l'on faict à l'achat d'un cheval ou d'un bœuf, nous faisant ouvrir la bouche pour visiter nos dents, palpant nos costes, sondant nos playes, et nous faisant cheminer le pas, troter, et courir; puis tenir des fardeaux, et puis luter pour voir la force d'un chacun, et mile autres sortes de brutalitez.

« Je feus vendeu à un pescheur, qui feust contrainct se deffaire bientôt de moy, pour n'avoir rien de si contraire que la mer, et, depuis, par le pescheur à un vieillard, médecin spagirique, souverain tireur de quintescences, homme fort humain et traictable; lequel, à ce qu'il me disoyt, avoyt travaillé cinquante ans à la recherche de la pierre philosophale; et en vain quant à la pierre, mais fort seurement à autres sortes de transmutation des métaux. En foy de quoy je luy ay veu souvent fondre autant d'or que d'argent ensemble, le mètre en petites lamines, et puis mètre un lit de quelque poudre, puis un autre de lamines, et puis un autre de poudre, dans un creuset ou vase à fondre des orfèvres, le tenir au feu vingt quatre heures, puis l'ouvrir et trouver l'argent être deveneu or. Et plus souvent encore congeler ou fixer l'argent vif en fin argent, qu'il vendoyt pour donner aux pauvres. Mon occupation estoyt de tenir le feu à dix ou douze fourneaux, en quoy, Dieu mercy, je n'avois plus de peine que de plaisir. Il m'aymoyt fort, et se plaisoyt fort de me discourir de l'alchimie et plus de sa loy, à laquelle il faisoyt tous ses efforts de m'atirer, me prometant force richesses et tout son sçavoir. Dieu opéra tousiours en moy une croyance de délivrance, par les assidues prières que je luy faisois et à la Vierge Marie, par la seule intercession de laquelle je croy fermément avoir esté délivré.

« L'espérance et ferme croyance donc que j'avois de vous revoir, Monsieur, me fist estre assideu à le prier de m'enseigner le moyen de guérir de la gravelle, en quoy je luy voyois journellement faire miracle; ce qu'il fict, voire me fist préparer et administrer les ingrédiens. O combien de fois ay-je desiré despuis d'avoir esté esclave auparavant la mort de feu monsieur vostre frère et *commecenas* à me bien faire (1), et avoir leu le secret que je vous envoye, vous priant le recevoir d'aussi bon cœur que ma croyance est ferme que, si

---

(1) Il s'agit ici du premier protecteur de Vincent de Paul. Il était, comme son frère, avocat à Dax et juge de Pouy.

feusse sceu ce que je vous envoye, la mort n'en auroyt jà triomphé, au moingt par ce moyen, ores que l'on die que les jours de l'homme sont contez devant Dieu : il est vray ; mais ce n'est poinct parce que Dieu avoyt conté ses jours estre en tel nombre ; mais le nombre a esté conté devant Dieu, parce qu'il est advenu ainsi ; où, pour plus clairement dire, il n'est point mort lorsqu'il est mort, pourceque Dieu l'avoyt ainsi préveu ou conté le nombre de ses jours estre tel ; mais il l'avoyt préveu ainsi et le nombre de ses jours a esté cogneu estre tel qu'il a esté, parcequ'il est mort lorsqu'il est mort (1).

« Je feûs donc avec ce vieillard despuis le mois de septembre 1605, jusqu'au mois d'aoust prochain, qu'il fust pris et mené au Grand Sultan pour travailler pour luy ; mais en vain, car il mourut de regret par les chemins. Il me laissa à son nepueu, vray antropomorphite, qui me revendit tôt après la mort de son oncle, parcequ'il ouyt dire comme monsieur de Brève, ambassadeur pour le Roy en Turquie, venoyt, avec bonnes et expresses patentes du Grand Turcq, pour recouvrer les esclaves chrestiens. Un renégat de Nice en Savoye, ennemy de nature, m'acheta et m'emmena en son temat, ainsi s'apelle le bien que l'on tient comme métayer du Grand Seigneur : car le peuple n'a rien ; tout est au Sultan. Le temat de cestuy-cy estoyt dans la montagne, où le pays est extrêmement chaud et désert. L'une des trois fames qu'il avoyt (comme grecque chrestienne, mais schismatique) avoyt un bel esprit et m'affectionnoyt fort, et plus à la fin une autre naturellement turque, qui servit d'instrument à l'immense miséricorde de Dieu pour retirer son mari de l'apostasie, le remettre au giron de l'Église, et me délivrer de son esclavage. Curieuse qu'elle estoyt de sçavoir nostre façon de vivre, elle me venoyt voir tous les jours aux champs où je fossioys, et, après tout, me commanda de chanter louanges à mon Dieu. Le ressouvenir du *Quomodo cantabimus in terra aliena* des enfants d'Israël captifs en Babilone me fist commencer avec la larme à l'œil le psaume *Super flumina Babilonis*, et puis le *Salve, regina*, et plusieurs autres choses, en quoy elle print autant de plaisir que la merveille en feust grande. Elle ne manqua point de dire à son mari le soir qu'il avoyt heu tort de quiter sa religion, qu'elle estimoyt extrèmement bonne pour un recit que je

---

(1) Ce passage, assez peu clair, a pour but de combattre l'idée de la prédestination.

lui avoys faict de nostre Dieu, et quelques louanges que je lu avoys chanté en sa présence, en quoy, disoyt-elle, elle avoyt eu un si divin plaisir, qu'elle ne croyoyt poinct que le paradis de ses pères et celuy qu'elle espéroyt un jour fust si glorieux, ny accompagné de tant de joye que le plaisir qu'elle avoyt pendant que je louais mon Dieu, concluant qu'il y avoyt quelque merveille. Cestre autre Caïphe ou Asnesse de Balaam fict par ses discours que son mari me dit le lendemain qu'il ne tenoyt qu'à commodité que nous ne nous sauvissions en France ; mais qu'il y donneroyt tel remède, dans peu de temps, que Dieu y seroyt loué. Ce peu de jours furent dix mois qu'il m'entretinst dans ces vaines, mais à la fin executées espérances, au bout desquels nous nous sauvâmes avec un petit esquif, et nous rendismes le vingt huictiesme de juing à Aiguesmortes, et, tot après, en Avignon, où Monseigneur le vice-légat (1) receut publiquement le renégat, avec la larme à l'œil et le sanglot au gosier, dans l'église de St-Pierre, à l'honneur de Dieu et édification des spectateurs. Mon dict seigneur nous a reteneu tous deux pour nous mener à Rome, où il s'enva tout aussitot que son successeur à la triène, qu'il acheva le jour de la St-Jehan, sera veneu. Il a promis au pénitent de le faire entrer à l'austère couvent des *Fate ben fratelli*, où il s'est voué, et, à moy, de me faire pourvoir de quelque bon bénéfice. Il me faict cest honneur de fort aymer et caresser, pour quelques secrets d'alchimie que je luy ay aprins, desquels il faict plus d'estat, dit-il, que si *Io li avesse datto un monto di oro,* parcequ'il y a travaillé tout le temps de sa vie et qu'il ne respire autre contentement. Mondit seigneur sçachant comme je suis homme d'esglise m'a commandé d'envoyer quérir les lettres de mes ordres, m'asseurant de me faire du bien et très bien pourvoir de bénéfice. J'estoys en peyne pour trouver homme asseuré pour ce faire, quand un mien amy de la maison de mondict seigneur m'adressa monsieur Canterelle, présent porteur, qui s'en aloyt à Tholose, lequel j'ay prié de prendre la peyne de donner un coup d'esperon jusques à Dacqs, pour vous aller rendre

---

(1) Ce légat se nommait Pierre Montorio. Il fit connaître Vincent de Paul à l'ambassadeur de France à Rome, qui le chargea, l'année suivante, d'une mission près de Henri IV, et lui ouvrit ainsi l'entrée de la cour. — Selon Collet, ce fut Joseph Ferreri, archevêque d'Urbin, successeur de Montorio, qui réconcilia le renégat avec l'Eglise.

la présente et recevoir mes dictes lettres, avec celles que j'obtins à Tholose de bachelier en théologie (1), que je vous supplie lui délivrer. Je vous en envoye à ces fins un receu. Le dict sieur Canterelle est de la maison et a exprès commandement de Monseigneur de s'acquiter fidèlement de sa charge et de m'envoyer les papiers à Rome, si tant est que nous soyons partis.

« J'ay apporté deux pierres de Turquie que nature a taillé en poincte de diamant, l'une des quelles je vous envoye, vous suppliant la recevoir d'aussi bon cœur que humblement je la vous présente.

« Il ne peut poinct estre, Monsieur, que vous et mes parents n'ayez estés scandalisez en moy par mes créanciers, que j'aurois déja en partie satisfaict de cent ou six vingt escus que nostre pénitent m'a donnez, si je n'avoys été conceillé par mes meilleurs amys de les garder jusques à mon retour de Rome, pour éviter les accidents qu'à faute d'argent me pourroyent advenir, ores que j'aye la table et le bon œil de Monseigneur ; mais j'estime que tout cest escandale se tournera à bien.

« J'escris à monsieur d'Arnaudin et à ma mère. Je vous supplie leur faire tenir mes lettres par homme que monsieur Canterelle payera. Si, par cas fortuict, ma mère avoyt retiré les letres, à tout évène-ment, elles sont insinuées chaiz M. Rabel.

« Autre chose, sinon que, vous priant me continuer vostre saincte affection, je demeure, Monsieur,

« Vostre tres humble et obéissant serviteur

« DEPAUL (2).

» En Avignon, ce 24 juillet 1607. »

On lit sur l'adresse :

A Monsieur,
Monsieur de Comet, advocat en la cour présidialle d'Acqs,
à Dacqs.

L'évêque de Rhodez, Abelly, a donné, dans sa *Vie de saint Vincent de*

---

(1) Ce passage prouve que les auteurs de la *Gallia christiana* se sont trompés quand ils lui ont donné, dans la liste des abbés de Saint-Léonard-de-Chaulme, le titre de docteur.

(2) C'est ainsi qu'il signa d'abord ; il ajouta plus tard son prénom de *Vincent.* Il avait trente et un ans lorsque cette lettre fut écrite.

Paul, deux ou trois extraits de cette lettre, mais a cru devoir retrancher plusieurs passages, les plus naïfs et les plus intéressants, les estimant sans doute peu dignes d'un aussi saint personnage. C'était mal comprendre sa mission d'historien. Pour qu'un portrait soit ressemblant, il ne faut pas négliger les petits défauts de physionomie, le talent de l'artiste consiste à les mettre convenablement en œuvre, et à faire de l'ensemble une copie saisissante du modèle. Titien, l'un de ceux qui ont le mieux rendu la figure humaine, ne procédait pas autrement. Les biographes et les peintres feront bien d'aller à son école.

Abelly n'a pas voulu avouer que Vincent de Paul croyait à l'alchimie. En cela, son saint suivait simplement les idées du temps. Une autre missive adressée de Rome, le 28 février 1608, à M. de Commet, fournit encore des renseignements plus explicites sur le goût prononcé de Vincent de Paul pour ce qu'on supposait alors une science occulte. Le lecteur en jugera par ce fragment :

Je suis entretenu à Rome par monseigneur le vice-légat qui estoyt à Avignon, qui me faict l'honeur de m'aymer et desirer mon advancement, pour luy avoir monstré force belles choses curieuses que j'aprins pendant mon esclavage de ce vieillard turcq à qui je vous ay escript que je feus vendeu ; du nombre des quelles curiositez est le commencement, non la totale perfection, du miroir d'Archiméde ; un ressort artificiel pour faire partir une teste de mort, de laquelle ce misérable se servoyt pour séduire le peuple, leur disant que son Dieu Mahomet luy faisoyt entendre sa volonté par ceste teste, et mile autres belles choses géométriques que j'aprins de luy, des quelles mondict seigneur est si jaloux qu'il ne veux pas mesme que j'acoste personne, de peur qu'il a que je l'enseigne, desirant avoir luy seul la réputation de sçavoir ces choses, lesquelles il a plaisir de faire voir quelquefois à Sa Saincteté et aux Cardinaux. Ceste sienne affection et bienveillance donc me faict promettre, comme il me le promet aussi, le moyen de faire une retraite honorable, me faisant avoyr à ces fins quelque honeste bénéfice en France.

Le désir d'obtenir un bénéfice perce toujours dans les lettres écrites à cette époque de la vie du pauvre prêtre. C'était à cette condition seulement qu'il pouvait espérer réaliser quelques-unes des pensées généreuses qui germaient déjà dans son esprit. Ce n'était pas d'ailleurs chose facile à atteindre pour un plébéien ; les moindres revenus ecclésiastiques étant presque toujours le partage des cadets de bonne maison, au grand dommage de la discipline ecclésiastique.

Mais revenons à la lettre, sujet de cette notice.

Elle aussi a son histoire, qu'Abelly va nous raconter.

Après avoir reproduit ce qui concerne la réception faite aux deux fugitifs par le légat d'Avignon, le pieux évêque continue en ces termes :

« Telles sont les paroles de M. Vincent lui-même, dans la lettre qu'il écrivit étant à Avignon, et qui fut trouvée par hazard, entre plusieurs autres papiers, par un gentilhomme d'Acqs, neveu de M. de Saint-Martin, chanoine, en l'année 1658, cinquante ans après qu'elle avait été écrite. Il la mit entre les mains dudit sieur de Saint-Martin, son oncle, lequel en envoya une copie à M. Vincent, deux ans avant sa mort, estimant qu'il serait consolé de lire ses anciennes aventures, et de se voir jeune en sa vieillesse. Mais, l'ayant lue, il la mit au feu, et, bientôt après, remerciant M. de Saint-Martin de lui avoir envoyé cette copie, il le pria de lui envoyer aussi l'original, et lui en fit encore de très-grandes instances par une lettre qu'il lui écrivit six mois avant sa mort. Celui qui écrivait sous lui, se doutant que cette lettre contenait quelque chose qui tournait à la louange de M. Vincent, et qu'il ne la demandait que pour la brûler, comme il avait brûlé la copie, afin d'en supprimer la connaissance, fit couler un billet dans la lettre à M. de Saint-Martin, pour le prier d'adresser cet original à quelque autre qu'à M. Vincent, s'il ne voulait qu'il fût perdu ; ce qui l'obligea à l'envoyer à un prêtre de sa compagnie, supérieur du séminaire qui est au collége des Bons-Enfants de Paris, et c'est par ce moyen que cette lettre a été conservée ; en sorte que M. Vincent n'en a rien su avant sa mort. Sans ce pieux artifice, il est certain qu'on n'eût jamais rien appris de ce qui s'était passé en cet esclavage ; car cet humble serviteur de Dieu faisait tous ses efforts pour cacher aux hommes les grâces et les dons qu'il recevait de lui, et tout ce qu'il faisait pour sa gloire et pour son service. »

L'abbé Collet nous fournit encore quelques détails sur ce document, et nous fait connaître les termes dans lesquels Vincent de Paul écrivit à cette occasion à son ami De Saint-Martin. « Je vous conjure, lui disait-il, par les entrailles « de Jésus-Christ, et par toutes les graces qu'il a pleu à Dieu de vous faire, « de me faire celle de m'envoyer cette misérable lettre qui faict mention de « la Turquie. » — « Dans tout le procès-verbal de béatification, ajoute Collet, il ne se trouva qu'un seul témoin qui l'eut entendu parler de sa captivité, et M. Daulier, secrétaire du roi, qui connaissait de longue main toute cette histoire, a déposé juridiquement qu'il avait à dessein mis plusieurs fois Vincent sur les voies, en lui parlant de Tunis et des chrétiens qui sont esclaves dans cette régence, sans avoir jamais pu tirer de lui une parole qui fît soupçonner que ce pays ne lui était pas inconnu. (1) »

Il en était ainsi pour toutes les choses qui tournaient à sa louange.

---

(1) *Vie de saint Vincent de Paul.* (Abrégé.)

Déposée par le supérieur du séminaire des Bons-Enfants dans les archives de Saint-Lazare, la lettre y demeura jusqu'en 1791, époque à laquelle elle fut recueillie par Lepelletier de Saint-Fargeau, et, après l'assassinat de ce conventionnel, par son collègue, l'illustre Carnot. J'ignore comment elle alla plus tard faire l'ornement des collections de divers amateurs d'autographes. Toujours est-il que, le 31 janvier 1854, elle figurait à la vente de celle de M.***, avec quelques autres lettres et plusieurs plans de sermons ou discours pour les assemblées des dames de charité à l'Hôtel-Dieu, qui avaient sans doute la même provenance (1).

Donnée depuis à Mme Joseph Fillon, il y a tout lieu d'espérer qu'elle ne retournera plus dans le commerce, et qu'elle entrera tôt ou tard dans quelque dépôt public, sa véritable place.

Il me reste maintenant à dire un mot de la miniature envoyée en présent à un autre membre de la famille de Commet et du billet qui l'accompagne. Cette peinture, très-finement touchée, a été exécutée sur parchemin par un artiste nommé François Brentel. Elle représente la Fuite en Égypte. La Vierge, assise à l'ombre de grands arbres, allaite l'Enfant Jésus, tandis que saint Joseph les contemple. Plus loin, l'âne cherche sa nourriture. Dans le fond du paysage est une ville décorée de beaux édifices et bâtie au milieu d'un site sévère. Deux anges en prière, portés sur des nuages, occupent le haut de la composition. Autour règne une bordure noire et or, et, au bas, se trouve une bande pourpre sur laquelle on lit en caractères romains :

AIMEZ.DIEV.ET.VOSTRE.PROVCHAIN,

légende qui résume la doctrine du donateur. Au-dessous est la signature de l'artiste et la date 1636. L'ensemble a $0^m,14$ de haut sur $0^m,10$ de large.

Ce petit tableau, d'une conservation parfaite, se recommande surtout par l'extrême finesse de la touche. Il semble être la copie d'une œuvre d'un artiste de l'école des Carrache. François Brentel, son auteur, devait être français; il avait pris quelque chose de la manière des Franck.

La lettre d'envoi est conçue en ces termes :

†

« Monsieur,

« Je vous envoye par l'occasion de M. Touschard, qui se rend à Acqs, le petit tableau que j'ay commandé à Monsieur Brentel faire à vostre intention. Le présent est de peu de conséquence ; mais j'ay

---

(1) Notre lettre se trouve également annoncée à la fin du catalogue de la vente de la collection de M. A. de la Bouisse-Rochefort ; Paris, Laverdet, mai 1854. — Elle y est cotée 500 francs.

espérance que le tiendrez de quelque prix, venant d'une personne qui est de si longtemps le tant obligé de vostre maison. Le voyant devant vos yeux n'oublirez en vos prières

« Le plus humble de vos serviteurs
« VINCENT DE PAUL.

« De Paris, ce 16 août 1636. »

Ces quelques lignes furent écrites au milieu des graves préoccupations que causait à Vincent de Paul l'invasion de la Picardie par les armées étrangères; mais son cœur, ouvert à tous les sentiments généreux, tant de l'ordre religieux que de l'ordre public, était assez large pour que la reconnaissance et l'amitié y trouvassent encore une place.

Avant d'en finir avec saint Vincent de Paul, je dois ajouter qu'il existe chez Mme Joseph Fillon un second recueil de neuf lettres de lui, dont trois sont autographes et les autres portent simplement sa signature. Elles ont toutes trait à l'établissement à Luçon d'une maison de missionnaires de Saint-Lazare, sous les auspices du cardinal de Richelieu, et sont adressées à Jacques de Sallo, conseiller au parlement de Paris, avec lequel il était fort lié. On y a joint les pièces originales relatives à cette création, retrouvées, en compagnie des lettres, dans les papiers de la Boucherie, commune de Grosbreuil (Vendée), ancien domaine de l'ami du vénérable fondateur, et qui est passé plus tard dans notre famille.

Napoléon-Vendée, septembre 1856.

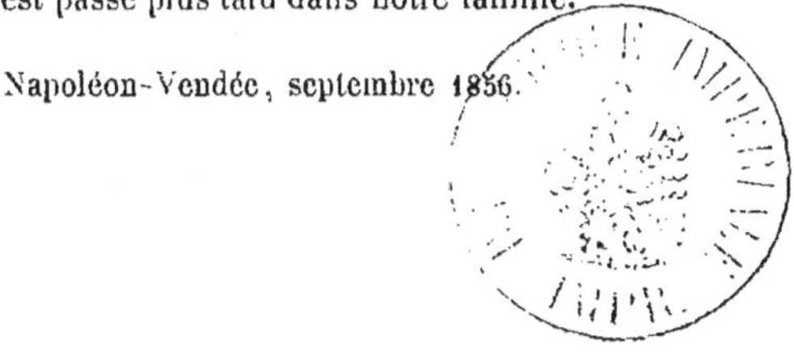

Nantes, Imprimerie And GUÉRAUD et Cie, rue Basse-du-Château, 6.